아름다운 우리말 경전 ⑦

보현행원품

김현준 편역
불교신행연구원 엮음

 효림

차 례

· · · · · · · · ·

보현행원품 독송 발원문

나무대행보현보살(3번)

개경게 開經偈

가장높고 심히깊은 부처님법문
백천만겁 지나간들 어찌만나리
저희이제 보고듣고 받아지녀서
부처님의 진실한뜻 깨치오리다

無上甚深微妙法	무상심심미묘법
百千萬劫難遭遇	백천만겁난조우
我今聞見得受持	아금문견득수지
願解如來眞實意	원해여래진실의

개법장진언 開法藏眞言
옴 아라남 아라다(3번)

나무대방광불화엄경 보현행원품(3번)

화엄경 보현행원품
華嚴經 普賢行願品

그때 보현보살마하살[善賢菩薩摩訶薩]은 부처님의 수승한 공덕을 찬탄한 다음 보살들과 선재동자[善財童子]에게 이르셨다.

"선남자야, 여래[如來]의 공덕은 비록 시방세계[十方世界]의 모든 부처님께서 한량없는 세계의 티끌수만큼 많은 무수한 겁 동안 말할지라도 다 말하지 못하느니라.

만일 부처님께서 지닌 공덕문[功德門]을 성취하고자 하면 마땅히 열 가지 넓고 큰 행원[十種廣大行願]을 닦아야 하나니, 무엇이 열 가지인가?

첫째는 부처님들께 예경함이요 〔禮敬諸佛〕

둘째는 부처님을 찬탄함이요 〔稱讚如來〕

셋째는 널리 공양함이요 〔廣修供養〕

넷째는 업장을 참회함이요 〔懺悔業障〕

다섯째는 남이 짓는 공덕을 기뻐함이
요 〔隨喜功德〕

여섯째는 설법하여 주시기를 청함이
요 〔請轉法輪〕

일곱째는 부처님께서 세상에 오래 머
물러 계시기를 청함이요 〔請佛住世〕

여덟째는 항상 부처님을 따라 배움이
요 〔常隨佛學〕

아홉째는 항상 중생을 수순함이요 〔恒順
衆生〕

열째는 모든 공덕을 회향함이니라 〔普皆

회향 "
廻向

선재동자가 여쭈었다.
"대성이시여, 이 예경에서부터 회향
까지를 어떻게 해야 하옵니까?"
보현보살이 선재동자에게 이르셨다.

① 부처님들께 예경함〔禮敬諸佛〕
"선남자야, 어떻게 하는 것이 예경
제불인가?
온 법계·허공계·시방삼세 일체세
계의 티끌수만큼 많은 제불세존께 보
현의 행원력으로 마음 깊이 믿음을 일
으켜서 눈앞에 뵈온 듯이 받들고 청정
한 몸과 말과 뜻으로 항상 예경을 하

9

되, 한 분 한 분의 부처님께 말할 수 없이 많은 몸을 나타내고, 나타낸 한 몸 한몸으로 이루 말할 수 없이 많은 부처님께 두루 예경하는 것이니라.

허공계(虛空界)가 다할지면 나의 예경도 다하려니와, 허공계가 다함이 없으므로 나의 예경도 다함이 없으며, 또한 중생계(生界)가 다하고 중생의 업(業)이 다하고 중생의 번뇌(煩惱)가 다할지면 나의 예경도 다하려니와, 중생계 및 중생의 번뇌가 다함이 없으므로 나의 예경 또한 다함이 없느니라. 그리고 염념(念念)히 계속 예경하여 끊임이 없건만, 몸과 말과 뜻에는 지치거나 싫어함이 조금도 없느니라.

② 부처님을 찬탄함〔稱讚如來〕

선남자야, 어떻게 하는 것이 칭찬여래[稱讚如來]
인가?

온 법계·허공계·시방삼세 일체세
계의 모든 티끌 하나하나마다 일체세
계의 티끌수만큼 많은 부처님이 계시
고, 부처님 계신 곳마다 보살 대중들
이 에워싸서 모시고 있느니라.

내 마땅히 깊은 믿음과 지혜로 그
분들이 눈앞에 계심을 알고서, 변재천[辯才天]
녀[女]의 미묘한 혀보다 더 훌륭한 혀로
한량없는 음성을 내고, 낱낱의 음성마
다 갖가지 말솜씨로 일체여래의 공덕
을 찬탄하기를 미래의 세상이 다하도
록 그치지 않고 계속하여, 법계에 두

11

루하도록 하는 것이니라.

이와 같이 하여 허공계가 다하고 중생계가 다하고 중생의 업이 다하고 중생의 번뇌가 다할지면 나의 찬탄도 다하려니와, 허공계 및 중생의 번뇌가 다함이 없으므로 나의 찬탄도 다함이 없느니라. 그리고 염념히 계속 찬탄하여 끊임이 없건만, 몸과 말과 뜻에는 지치거나 싫어함이 조금도 없느니라.

③ 널리 공양함〔廣修供養〕

선남자야, 어떻게 하는 것이 광수공양인가?

온 법계·허공계·시방삼세 일체세계의 모든 티끌 하나하나마다 일체세계

12

의 티끌수만큼 많은 부처님이 계시고, 한 부처님 계신 곳마다 수많은 보살 대중들이 에워싸서 모시고 있느니라.

내 이제 보현의 행원력으로 깊은 믿음과 지혜를 일으켜 그 분들이 눈앞에 계심을 알고서, 으뜸 가는 공양물들로 공양을 하느니라. 이른바 꽃과 꽃타래, 하늘 음악·하늘 일산·하늘 옷과 바르고 사르고 뿌리는 하늘 향 등의 공양구들이 각각 수미산만하며, 우유등·기름등·향유등과 같은 등불의 심지는 수미산과 같고 기름은 바닷물과 같나니, 이와 같은 여러 가지 공양물들로 항상 공양하느니라.

그러나 선남자야, 모든 공양 가운데

에는 법공양(法供養)이 으뜸이니라.

부처님 말씀대로 수행하는 공양(如說修行供養)

중생들을 이롭게 하는 공양(利益衆生供養)

중생들을 거두어주는 공양(攝受衆生供養)

중생의 고(苦)를 대신 받는 공양(代衆生苦供養)

부지런히 선근을 닦는 공양(勤修善根供養)

보살의 할 일을 버리지 않는 공양(不捨菩薩業供養)

보리심(菩提心)을 여의지 않는 공양(不離菩提心供養)

등이 그것이니라.

　선남자야, 앞서 말한 한량없는 공양물로 공양한 공덕을 한 생각 동안 닦은 법공양의 공덕에 비교하면, 그 백분의 일에도 미치지 못하고 천분의 일

에도 미치지 못하고 백천만분의 일에
도 미치지 못하느니라.

　무슨 까닭인가? 모든 부처님께서
법을 존중하기 때문이요, 부처님께서
설하신대로 수행함이 많은 부처를 출
현케 하기 때문이니라. 만일 보살들이
법공양을 행하면 곧바로 부처님에 대
한 공양을 성취하게 되나니, 이와 같
이 수행함이 참다운 공양이니라.

　이것이 넓고 크고 가장 훌륭한 공양
이니〔廣大最勝供養〕, 허공계가 다하고 중
생계가 다하고 중생의 업이 다하고 중
생의 번뇌가 다할지면 나의 공양도 다
하려니와, 허공계 및 중생의 번뇌가
다함이 없으므로 나의 공양도 다함이

없느니라. 그리고 염념히 계속 공양하
여 끊임이 없건만, 몸과 말과 뜻에는
지치거나 싫어함이 조금도 없느니라.

④ 업장을 참회함〔懺悔業障〕

선남자야, 어떻게 하는 것이 참회업
장인가?

보살은 스스로 생각하느니라.

'제가 과거의 한량없는 겁 동안, 탐
심과 진심과 치심을 일으켜 몸과 말과
뜻으로 지은 악업이 무량하여 끝이 없
었으리니, 만일 그 악업에 형체가 있
다면 끝없는 허공으로도 다 수용할
수 없으리이다. 이제 청정한 삼업으로
법계에 두루하신 한량없는 불보살님

전에 지성으로 참회하되, 다시는 악한 업을 짓지 않고 항상 청정한 계율의 모든 공덕 속에 머물러 있겠나이다.' 라고 하는 것이니라.

이와 같이 하여 허공계가 다하고 중생계가 다하고 중생의 업이 다하고 중생의 번뇌가 다할지면 나의 참회도 다하려니와, 허공계 및 중생의 번뇌가 다함이 없으면 나의 참회도 다함이 없느니라. 그리고 염념히 계속하여 끊임이 없건만 몸과 말과 뜻에는 지치거나 싫어함이 조금도 없느니라.

⑤ 남이 짓는 공덕을 수희함〔隨喜功德〕

선남자야, 어떻게 하는 것이 수희공

德
덕인가?

　온 법계·허공계·시방삼세 일체세
계의 티끌수만큼 많은 부처님들께서
는 처음 발심을 한 때부터 일체지를
이루기 위해 부지런히 복덕을 닦되 몸
과 목숨을 아끼지 않았나니, 일체세계
의 티끌수만큼 많은 겁을 지나는 동안
헤아릴 수 없이 많은 머리와 눈과 손
과 발을 아낌없이 보시하셨느니라. 또
어렵고 힘든 고행〔難行苦行〕을 하면서 가
지가지 바라밀문을 원만히 갖추셨고,
가지가지 보살의 지혜땅〔智地〕에 들어
가서 부처님들의 무상보리(위없는 깨달음)를 성
취하셨으며, 열반에 든 뒤에는 그
사리를 나누게 하셨나니, 이와 같은

모든 선근을 내가 모두 수희^{善根}(따라서
(기뻐함))하는 것이니라.

또 시방 일체세계의 육도^{六道}와 사생^{四生}의 중생이 털끝만한 공덕을 지을지라도 내가 모두 수희하고, 시방삼세 일체 성문^{聲聞}과 벽지불^{辟支佛}, 유학^{有學}(배울 것이 남
(아 있는 이))과 무학^{無學}(더 이
(상 배 울 것이
없는 이))의 온갖 공덕을 내가 모두 수희하며, 일체 보살이 어렵고 힘든 고행을 닦으며 무상정등보리^{無上正等菩提}(위없고 바르고
(평등한 깨달음))를 구하였던 넓고 큰 공덕들을 내가 모두 수희하는 것이니라.

이와 같이 하여 허공계가 다하고 중생계가 다하고 중생의 업이 다하고 중생의 번뇌가 다할지라도 나의 수희함은 다함이 없느니라. 그리고 염념히 계속 수희하여 끊임이 없건만, 몸과 말과 뜻에는 지치거나 싫어함이 조금도 없느니라.

⑥ 설법하여 주시기를 청함〔請轉法輪〕

선남자야, 어떻게 하는 것이 청전법륜인가?

온 법계·허공계·시방삼세 일체세계의 티끌 하나하나마다 이루 다 말할 수 없이 많은 부처님의 광대한 세계가 있고, 그 낱낱의 세계에서는 잠깐 사이에 이루 다 말할 수 없이 많은 부처님이 등정각(等正覺, 평등하고 바른 깨달음)을 이루시나니, 보살 대중들이 이 부처님들을 에워싸서 모시고 있느니라. 그때 내가 몸과 말

과 뜻으로 가지가지 방편을 지어 부처
님께 설법하여 주시기를 은근히 권청(勸請)하
는 것이니라.

이와 같이 하여 허공계가 다하고 중
생계가 다하고 중생의 업이 다하고 중
생의 번뇌가 다할지라도, 모든 부처님
께 항상 정법을 설하여 주시기를 청함
은 다함이 없느니라. 그리고 염념히
계속 청법하여 끊임이 없건만, 몸과
말과 뜻에는 지치거나 싫어함이 조금
도 없느니라.

⑦ 부처님이 세상에 오래 계시기를 청함
〔請佛住世(청불주세)〕

선남자야, 어떻게 하는 것이 청불주(請佛住)

世
세인가?

온 법계·허공계·시방삼세 일체세
계에 계신 수많은 부처님들께서 열반
에 들고자 하실 때나 보살·성문·연
                    菩薩 聲聞 緣
각·유학·무학 등의 모든 선지식들에
覺 有學 無學   善知識
게, '열반에 들지 말고 일체세계의 티
끌수만큼 많은 겁 동안 세상에 머무르
시어 일체 중생을 이롭게 하여 주소
서.' 하고 권청을 하는 것이니라.

이와 같이 하여 허공계가 다하고 중
생계가 다하고 중생의 업이 다하고 중
생의 번뇌가 다할지라도, 나의 권청은
다함이 없느니라. 그리고 염념히 계속
권청하여 끊임이 없건만, 몸과 말과
뜻에는 지치거나 싫어함이 조금도 없

느니라.

⑧ 항상 부처님을 따라 배움〔常隨佛學〕

선남자야, 어떻게 하는 것이 상수불
학인가?

이 사바세계의 비로자나불(석가모니불의
근본 법신불)께
서는 처음 발심한 때부터 물러남 없이
정진을 하고 무수히 많은 몸과 목숨
으로 보시를 하셨나니, 가죽을 벗겨
종이를 삼고〔剝皮爲紙〕 뼈를 쪼개어 붓을
삼고〔析骨爲筆〕 피를 뽑아 먹물을 삼아〔刺
血爲墨〕 쓰신 경전이 수미산 높이만큼이
나 되었느니라.

이처럼 법을 소중히 여겨 몸과 목숨
을 아끼지 않으셨거늘, 하물며 왕위나

도시·시골·동산 따위의 소유물들을 보시하거나 어렵고 힘든 고행을 함이랴.

또한 보리수(菩提樹) 아래에서 정각(正覺)을 이루셨던 일이며, 여러 가지 신통을 보이고 가지가지 변화를 일으켰던 일이며, 여러 가지 몸을 나타내어 온갖 대중이 모인 곳에 계시되, 모든 보살 대중이 모인 도량(道場)이나, 전륜성왕(轉輪聖王)·소왕(小王)과 그 권속들이 모인 도량이나, 찰제리(利帝利)·바라문(婆羅門)·장자(長者)·거사(居士)들이 모인 도량이나, 천(天)·용(龍) 등의 팔부신중(八部神衆)과 인비인(人非人)들이 모인 도량에서 원만한 음성〔圓滿音〕을 천둥소리처럼 울리게 하여 각자의 좋아하고 바라는 바를 따라 중생을 성숙하게 하셨던 일이며, 마침내 열반에 드심을 나타내어 보이셨던 일 등을 내가 모두 따라서 배우는 것이니라. 나아가 지금의 세존이신 비로자나불께 하는 것처럼 온 법계·허공계·시방삼세 일체세계의 티끌수만큼 많은 모든 부처님께도 이와 같이 하여, 염념히 따라서 배우는 것이니라.

이와 같이 하여 허공계가 다하고 중생계가 다하고 중생의 업이 다하고 중생의 번뇌가 다할지라도, 나의 부처님을 따라 배움은 다함이 없느니라. 그리고 염념히 따라서 배워 끊임이 없건만, 몸과 말과 뜻에는 지치거나 싫어함이 조금도 없느니라.

⑨ 항상 중생을 수순함〔恒順衆生〕

선남자야, 어떻게 하는 것이 항순중생인가?

온 법계·허공계·시방세계의 중생들에게는 여러 가지 차별이 있나니, 난생이나 태생이나 습생이나 화생을 한 중생들은 땅과 물과 불과 바람을 의지하여 살기도 하고 허공을 의지하여 살기도 하고 풀과 나무를 의지하여 살기도 하느니라. 이러한 갖가지 생류들은 여러 가지 몸과 여러 가지 형상과 여러 가지 생김새와 여러 가지 수명을 가지고 있고, 다양한 종족과 다양한 이름과 다양한 성질과 다양한 소견과 다양한 욕망과 다양한 뜻을 가지고 있으며, 여러 가지 위의(威儀)와 여러 가지 의복과 여러 가지 음식으로 살아가느니라.

여러 시골의 마을과 도시의 큰 집에 사는 이들이며, 천·용 팔부신중과 인비인(人非人)들이며, 발 없는 것·두발 가진 것·네발 가진 것·여러 발 가진 것들이며, 형체 있는 것·형체 없는 것·생각이 있는 것·생각이 없는 것·생각이 있는 것도 아니요 없는 것도 아닌 것 등을 내가 다 수순(뜻을 따름)하여, 섬기고 공양하기를 부모님 모시듯이 하고, 스승·아라한(阿羅漢)·부처님과 다름없이 받드느니라.

병든 이에게는 의원이 되고, 길 잃은

이에게는 바른 길잡이가 되고, 어두운 밤에는 광명이 되고, 가난한 이에게는 재물을 얻을 수 있게 하느니라.

이와 같이 보살은 일체 중생을 평등하게 보고 이롭게 하나니, 무슨 까닭인가? 보살이 중생을 수순하면 부처님을 수순하여 받드는 것이 되고, 중생을 존중하여 받들면 부처님을 존중하여 받드는 것이 되며, 중생을 기쁘게 하면 모든 부처님을 기쁘게 하는 것이 되기 때문이니라.

왜냐하면 부처님은 대비심(大悲心)을 바탕〔체體〕으로 삼고 있기 때문이니, 중생으로 인하여 대비심을 일으키고, 대비심으로 인하여 보리심(菩提心)을 발하고, 보리심으로 인하여 정각을 이루시느니라.

마치 넓은 벌판 모래밭에 서 있는 큰 나무의 뿌리가 물을 만나면 가지와 잎과 꽃과 열매가 모두 무성해지듯이, 생사 광야의 보리수왕 또한 이와 같으니라.

일체 중생은 보리수의 뿌리가 되고, 부처님과 보살들은 꽃과 열매가 되나니, 대자비의 물〔大悲水〕로 뿌리인 중생을 이롭게 하면 곧바로 불보살들의 지혜꽃과 열매가 성숙하게 되느니라.

어찌하여 그러한가? 만일 보살들이 대자비의 물로 중생들을 이롭게 하면 능히 아뇩다라삼먁삼보리를 성취하게 되나니, 보리는 중생에게 속한 것이요, 중생이 없으면 보살은 끝내 무^無상정각을 이루지 못하기 때문이니라.

선남자야, 그대는 이 이치를 분명히 알아야 하나니, 중생들에게 마음을 평등하게 가지면 능히 원만한 대자비를 성취하고, 대비심으로 중생들을 수순하면 부처님께 올리는 공양도 능히 성취하게 되느니라.

보살은 이와 같이 중생을 수순하나니, 허공계가 다하고 중생계가 다하고 중생의 업이 다하고 중생의 번뇌가 다할지라도 나의 중생 수순은 다함이 없느니라. 그리고 염념히 계속 수순하여 끊임이 없건만, 몸과 말과 뜻에는 지치거나 싫어함이 조금도 없느니라.

⑩ 모든 공덕을 회향함〔普皆廻向〕

선남자야, 어떻게 하는 것이 보개회향인가?

처음의 예경제불에서부터 항순중생까지의 모든 공덕을 온 법계와 허공계의 일체 중생에게 남김없이 회향〔되돌려서 향하게 함〕하여 중생들로 하여금,

· 항상 안락하고 병고가 없기를 원하며
· 행하고자 하는 악법은 하나도 이루어지지 않고 선업은 모두 빨리 이루어지며
· 삼악도 등의 나쁜 갈래〔惡趣〕로 가는 문은 모두 닫히고 인간이나 천상이나 열반에 이르는 바른 길만 활짝 열리며
· 중생들이 짓고 쌓은 악업 때문에 받

31

게 되는 지극히 무겁고 괴로운 과보^{果 報}들
을 내가 대신하여 받으며

·그 중생들이 다 해탈을 얻고 마침내
는 무상보리^{無 上 菩 提}를 성취하기를 원하는 것
이니라.

보살은 이와 같이 회향하나니, 허공
계가 다하고 중생계가 다하고 중생의
업이 다하고 중생의 번뇌가 다할지라
도 나의 이 회향은 다함이 없느니라.
그리고 염념히 계속 회향하여 끊임이
없건만, 몸과 말과 뜻에는 지치거나 싫
어함이 조금도 없느니라.

총결總結

선남자야, 이것이 보살마하살의 십^十

종대원(種大願)을 구족(具足)하고 원만(圓滿)하게 함이니라.

만일 모든 보살이 이 대원을 따라 나아가면, 능히 일체 중생을 성숙시키고, 능히 아뇩다라삼먁삼보리에 이르게 되고, 능히 보현보살의 수행과 원력의 바다[行願海]를 가득 채우게 되느니라.

그러므로 선남자야, 그대는 다음의 이치를 분명히 알아야 한다.

만일 어떤 선남자 선여인이 시방에 가득하기가 한량이 없고 끝이 없고 이루 다 말할 수 없이 많은 국토의 가장 좋은 칠보와, 천상·인간 세계에서 가장 훌륭하고 편안하고 즐거운 것들로,

33

일체 세계의 중생들에게 보시를 하고 일체 세계의 불보살들께 공양하기를 모든 국토의 티끌수만큼이나 많은 겁 동안 끊임없이 계속하여 얻게 되는 공덕과, 어떤 이가 으뜸가는 이 십종대원을 한 번 들은 공덕과 비교를 하면, 앞의 공덕은 뒤의 것의 백분의 일에도 미치지 못하고 천분의 일에도 미치지 못하고 백만분의 일에도 미치지 못하느니라.

또 어떤 이가 깊은 신심(信心)으로 이 십종대원을 수지(受持)하여 독송하거나 사구게(四句偈) 하나만이라도 사경하게 되면 오무간지옥(五無間地獄)에 떨어질 죄업이라도 이내 소멸되고, 이 세간에서 받는 몸과 마음

의 병이나 가지가지 괴로움이 소멸되
며, 일체 세계의 티끌수만큼 많은 악
업들이 모두 소멸되느니라.

그리고 온갖 마군(魔軍)과 야차(夜叉)와 나찰(羅利)과
구반다(鳩槃茶) 등 피를 빨아 마시고 살을 먹
는 몹쓸 귀신들이 멀리 떠나가거나,
발심(發心)을 하여 가까이에 있으면서 늘 수
호하느니라.

그러므로 이 십종대원을 외우는 사
람은 어떠한 세간(世間)을 다니더라도 공중
의 달이 구름 밖으로 나온 것과 같아
서 세간살이에서 조그마한 장애도 없
을 뿐더러, 불보살님이 모두 칭찬하
고, 천인과 인간들이 다 예경하며, 일
체 중생이 두루 공양하느니라.

이 선남자는 훌륭한 사람의 몸을 얻어 보현보살의 공덕을 원만히 갖추고, 오래지 않아 보현보살과 같은 미묘한 몸을 성취하여 서른 두 가지 대장부상〔三十二大丈夫相〕을 갖추게 되며, 천상이나 인간 세상에 나면 항상 가장 좋은 가문에 태어나며, 나쁜 세상들을 없애고 나쁜 친구들을 멀리 떠나며, 모든 외도(外道)를 항복 받고 온갖 번뇌를 모두 해탈함이 큰 사자가 뭇 짐승들을 굴복시키듯이 하며, 모든 중생의 공양을 받게 되느니라.

또 이 사람이 목숨을 마치는 마지막 찰나에 육신은 다 무너져 흩어지고, 모든 친척과 권속들은 모두 떠나가며,

일체의 권세를 잃어 고관대작과 궁성 안팎의 사람과 코끼리·말·수레·보배·비밀창고〔伏藏〕들이 하나도 따라오지 않지만, 이 십종대원만은 떠남이 없이 항상 앞길을 인도하여, 한 찰나 사이에 극락세계에 왕생하고 곧바로 아미타불과 문수보살·보현보살·관자재보살·미륵보살 등을 뵙게 되나니, 단정한 모습에 공덕을 구족한 이 보살들은 아미타불 곁에 앉아 있느니라.

그리고 왕생한 이는 제 몸이 연꽃 위에 태어나 부처님으로부터 수기〔授記〕를 받음을 스스로 보게 되며, 수기를 받고는 무수한 세월 동안 시방의 한량없는 세계를 다니며 지혜의 힘으로 중생들의 마음을 헤아려 이롭게 하느니라.

또한 오래지 않아서 보리도량에 앉아 마군들을 항복 받고 등정각을 성취하며, 묘한 법문을 설하여 능히 모든 국토의 티끌수만큼이나 많은 세계의 중생들로 하여금 보리심을 내게 하고, 근기(根機)에 따라 그들을 교화하여 성숙시키며, 미래 겁이 다할 때까지 일체 중생을 이롭게 하느니라.

선남자야, 저 중생들이 원왕(願王)인 이 십종대원을 듣고 믿고 수지하고 독송하고 남을 위해 연설해주면, 부처님을 제외하고는 그 공덕을 알 수 있는 이가 없느니라.

그러므로 그대들은 이 대원들을 듣

거든 의심 없이 잘 받아들이고, 받아
서는 능히 읽고, 읽고는 능히 외우고,
외우고는 능히 지녀 사경을 하고 남을
위해 널리 설할지니라.

　이러한 사람은 한 생각[一念]동안에
온 행원을 다 성취할 것이니, 얻는 복
덕은 한량이 없고 끝이 없으며, 중생
들을 번뇌의 고통 바다[苦海]에서 건져
내어 생사를 멀리 떠난 아미타불의 극
락세계에 왕생하게 하느니라."

　이때 보현보살마하살은 이 뜻을 거
듭 펴기 위해 시방을 두루 살피면서
게송으로 이르셨다.

〔중송重頌〕

예경제불禮敬諸佛

가이없는　시방삼세　가운데 계신
모든이의　스승이신　부처님들께
맑고 맑은　몸과 말과　뜻을 기울여
빠짐없이　두루두루　예경하옵되
보현보살　행과 원과　위신력으로
널리 일체　여래전에　몸을 나투고
한 몸으로　무수한 몸　다시 나투어
일체 제불　빠짐없이　예경합니다

칭찬여래稱讚如來

한티끌 속　한량없는　부처 계시고
그곳마다　많은 보살　모여 있으며

40

온 법계의　　티끌 속도　　또한 그같이
부처님의　　가득하심　　깊이 믿기에
몸몸마다　　한량없는　　음성으로써
다함없는　　묘한 말씀　　모두 내어서
오는 세상　　일체 겁이　　다할 때까지
부처님의　　깊은 공덕　　찬탄합니다

광수공양廣修供養

아름답기　　으뜸가는　　여러 꽃타래
좋은 음악　　좋은 향수　　좋은 일산등
훌륭하기　　그지없는　　장엄구로써
시방삼세　　부처님께　　공양하오며
으뜸가는　　좋은 의복　　좋은 향들과
가루향과　　사르는 향　　등과 촛불을
하나하나　　수미산의　　높이로 쌓아

일체 여래　빠짐없이　공양하오며
넓고 크고　지혜로운　이 마음으로
시방삼세　부처님을　깊이 믿기에
보현보살　행원력을　모두 기울여
일체 제불　빠짐없이　공양합니다

참회업장懺悔業障

이제까지　제가 지은　모든 악업은
무시이래　탐심진심　치심 일으켜
몸과 말과　생각으로　지었음이라
제가 이제　남김없이　참회합니다

수희공덕隨喜功德

시방삼세　여러 종류　모든 중생과
성문 연각　유학 무학　여러 이승과

일체 세계 부처님과 모든 보살의
지니오신 온갖 공덕 수희합니다

청전법륜請轉法輪
시방 세계 계시옵는 세간 등불과
제일 먼저 보리도를 이루신 님께
가장 높은 묘한 법문 설하시기를
제가 이제 지성 다해 권청합니다

청불주세請佛住世
부처님이 반열반에 들려 하실 때
모든 지성 기울여서 권청하오니
무량겁을 이 세상에 계시오면서
일체 중생 이락하게 살펴주소서

보개회향普皆廻向

예경하고　찬탄하고　공양한 복덕
오래 계셔　법문하심　권청한 공덕
수희하고　참회하온　온갖 선근을
중생들과　보리도에　회향합니다

상수불학常隨佛學

제가 모든　부처님을　따라 배우고
보현보살　원만행을　닦아 익히며
지난 세상　계시었던　부처님들과
이 세상에　지금 계신　부처님들과
미래세의　부처님께　공양하옵되
즐거움과　원만함이　가득케 하고
한결같이　부처님을　따라 배워서
무상보리　속히 얻기　원하옵니다

항순중생恒順衆生

시방 삼세 　많고 많은 　세계 중에서
넓고 맑고 　묘한 장엄 　이뤄진 곳에
대중들이 　에워싸서 　모시고 있는
부처님이 　보리수밑 　앉아 계시니
시방세계 　살고 있는 　모든 중생들
근심 걱정 　멀리 떠나 　항상 즐겁고
깊고 깊은 　바른 법의 　이익을 얻어
모든 번뇌 　남김없이 　없애지이다

보현행을 돕는 기타 발원

제가 보리 　얻기 위해 　수행을 할때
태어나는 　곳곳마다 　숙명통 얻고
출가하여 　청정계행 　바르게 닦아
더러움과 　파계함과 　번뇌 없으며

천과 용과　　야차들과　　구반다들과
사람들과　　사람 아닌　　중생들에게
그네들이　　쓰고 있는　　언어들로써
여러 좋은　　법문들을　　설해지이다
청정하온　　바라밀을　　꾸준히 닦아
어느 때나　　보리심을　　잊음이 없고
모든 장애　　모든 허물　　소멸하여서
묘하기가　　그지없는　　행을 이루고
번뇌들과　　업장들과　　마의 경계와
세간 속의　　온갖 일에　　해탈 얻음이
물방울이　　묻지 않는　　연꽃잎 같고
일월처럼　　머묾없게　　하여지이다
일체 악도　　온갖 고통　　모두 없애고
중생에게　　평등하게　　기쁨을 주되
끝이 없는　　세월 동안　　쉬는 일없이

시방중생 이롭게함 한량없나니
저 언제나 중생들을 수순하면서
오는세상 일체 겁이 다할때까지
광대하기 그지없는 보현행 닦아
가장 높은 보리도를 이루리이다
저와함께 보현행을 닦는이들은
날때마다 같은 곳에 함께 모여서
몸과말과 생각으로 같은 일하고
모든수행 모든 서원 같이 닦으며
저희에게 이익 주는 선지식들도
보현행을 나타내고 보여주면서
어느때나 저희들과 함께 하옵고
환희심을 항상 내기 원하옵니다
원하오니 부처님을 뵈올때마다
불자들이 에워싸서 함께 모시며

훌륭하기   그지없는   공양 올리되
미래 겁이   다하도록   싫증냄 없고
부처님의   묘한 법문   받아 지녀서
가지가지   보리행을   빛나게 하며
청정하기   그지없는   보현의 도를
오는 세상   다하도록   익히오리다
시방 세계   모든 곳을   두루 다니며
닦은 복과   얻은 지혜   다함이 없고
선정 지혜   방편들과   해탈법으로
한량없는   공덕장을   모두 이루어
한 티끌 속   한량없는   세계에 계신
생각으로   셀 수없는   부처님께서
모여 있는   많고 많은   대중을 위해
보리행을   연설하심   뵈어지이다
끝이 없는   공간 속의   모든 세계와

한량없는　시간 속에　언제나 있는
부처님의　나라들과　국토 속에서
무량겁을　수행하기　원하옵니다
일체여래　모든 말씀　청정하시니
일음속에(一音)　여러 가지　음성 갖추고
중생들의　뜻에 맞는　법을 설하니
이게 바로　부처님의　변재입니다(辯才)
시방삼세　한량없는　부처님들은
어느때나　다함없는　음성으로써
깊은 이치　묘한 법문　설하시오니
제 지혜로　요달하게　하여지이다
제가 능히　미래까지　깊이 들어가
일체겁을　모두 모아　일념을 삼고
삼세 속의　일체 겁을　모두 통틀어
일념으로　만들어서　들어가리니

그 일념에   한량없는   부처님들을
남김없이   두루두루   모두 뵈옵고
어느 때나   부처님의   경계에 들어
여환삼매 (如幻三昧)   해탈의 힘   이루오리다
미세하기   그지없는   티끌 속에다
삼세 속의   장엄 세계   나타내오면
시방 세계   한량없는   털끝들마다
제가 깊이   들어가서   청정을 얻고
미래 세상   두루 비출   세간 등불들
부처되어   설법하고   중생 건진 뒤
해야 할 일   다 했다며   열반에 들면
제가 두루   나아가서   섬기오리다
재빠르게   이뤄 내는   신통의 힘과
일체 문에   다 통하는   대승의 힘과
지혜와 행   닦아 얻는   공덕의 힘과

큰 덕으로　널리 덮는　자비의 힘과
청정하게　장엄하는　복덕의 힘과
집착 없고　기댐 없는　지혜의 힘과
선정 지혜　좋은 방편　위신의 힘과
두루 널리　쌓아 모은　보리의 힘과
모든 것을　맑게 하는　선업의 힘과
온갖 번뇌　쳐부수는　깨끗한 힘과
마군들을　항복 받는　거룩한 힘과
보현행을　원만하게　닦는 힘으로
모든 세계　청정하게　장엄하옵고
한량없는　중생들을　해탈케 하며
그지없는　법문들을　요달하여서
지혜 바다　깊이깊이　들어가리다

대원을 매듭지음

어디서나   모든 행을   깨끗이 닦고
가지가지   서원들을   원만히 하고
일체 여래   친근하여   공양 올리고
무량 겁을   부지런히   수행하면서
삼세 속의   한량없는   부처님들의
가장 높은   보리 위한   행과 원들을
제가 모두   공양하며   원만히 닦아
보현행원   크나큰 도   이루오리다
온 세계의   부처님들   맞아들이요
그 이름도   거룩하신   보현보살께
제가 이제   모든 선근   회향하오니
저의 지행   또한 그와   같아지이다
<small>智 行</small>
몸과 말과   뜻의 업이   늘 청정하고
모든 행과   계신 국토   항상 청정한

맑은 지혜 갖춘 분이 보현이시니
저 보살과 같아지기 원하옵니다
제가 이제 청정하온 보현의 행과
문수사리 보살님의 큰 원력으로
온갖 불사 남김없이 원만히 닦되
미래 겁이 다하도록 싫증냄 없고
한량없는 수행들을 모두 닦아서
그지없는 공덕들을 모두 이루고
끝이 없는 온갖 행에 머무르면서
가지가지 신통 묘용 요달하오며
문수보살 용맹하고 크신 지혜와
보현보살 지혜 행에 사무치고자
제가 이제 일체 선근 회향하면서
님들 따라 모든 것을 배우오리다
시방 삼세 여래께서 칭찬하시는

훌륭하기　그지없는　십종대원에
제가이제　온갖선근　회향하오니
보현보살　수승한행　얻어지이다

정토왕생발원

원하오니　이목숨이　다하려할때
모든업장　온갖장애　다없어져서
한찰나에　아미타불　만나뵈옵고
지체없이　극락왕생　하여지이다
극락세계　제가가서　난다음에는
대원들을　눈앞에서　모두이루고
온갖것을　원만하게　두루갖추어
일체중생　이락하게　살펴지이다
　　　　　利樂
청정하온　아미타불　극락회상의
구품연지　연꽃위에　바로태어나

무량한 빛   아미타불   친견하오면
그 찰나에   보리 수기   내려주시니
부처님의   보리 수기   받자옵고는
백억 화신   마음대로   나타내어서
대지혜로   시방 세계   두루 다니며
일체 중생   이익 되게   하겠나이다
허공계와   중생계가   모두 다하고
중생업과   중생 번뇌   모두 다함은
넓고 크고   가이 없고   한량 없으니
저희들의   행원 또한   이러지이다

보현행원의 공덕

가이 없는   시방 세계   가운데 있는
칠보로써   부처님께   공양을 하고
모든 인간   천인(天人)에게   무량겁 동안

가장 좋은　안락함을　보시하여도
어떤 이가　거룩하온　보현행원을
한번 듣고　지성으로　믿음을 내어
무상보리　구할 생각　간절히 하면
그 공덕이　저 복보다　훨씬 큽니다
그는 항상　나쁜 벗을　멀리 떠나고
영원토록　모든 악도　만남 없으며
무량한 빛　아미타불　속히 뵙고서
가장 높은　보현 행원　갖추게 되니
그 사람은　길고도 긴　수명을 얻고
날 때마다　항상 좋은　사람 몸받아
머지 않은　세월 뒤에　보현보살의
크고 넓은　보살행을　성취합니다
지난 세상　어리석고　지혜 없어서
다섯 가지　무간죄를　지었더라도

보현보살　십종대원　읽고외우면
한생각에　중죄들이　소멸되어서
날때마다　좋은가문　좋은모습에
복과지혜　모든공덕　원만하여서
마군이나　외도들이　범접못하고
삼계중생　좋은공양　능히받으며
오래잖아　대보리수　아래에앉아
여러종류　마군모두　항복받고서
무상정각　성취하고　법륜을굴려
모두에게　이로움을　베푸옵니다
누구든지　보현행원　읽고외우고
수지하여　대중위해　연설한다면
그과보는　부처님만　능히아시고
틀림없이　무상보리　얻게됩니다
어떤이든　보현행원　능히외우고

그 선근의　한 부분만　말할지라도
한 생각에　일체 공덕　원만히 하여
그 중생의　청정원(清淨願)을　성취합니다
제가 이제　보현보살　거룩한 행의
가이 없는　훌륭한 복　회향하오니
삼계 고해　빠져 있는　모든 중생들
하루 속히　극락왕생　하여지이다

보현보살마하살이 부처님 앞에서
보현의 광대한 서원과 청정한 게송을
읊자, 선재동자는 한량 없이 기뻐하였
고, 여러 보살들은 크게 즐거워 하였
으며, 부처님께서는 '좋구나, 훌륭하
구나(善哉善哉)' 하시며 찬탄하셨다.

부처님께서 거룩한 보살마하살들
과 함께 이 불가사의한 해탈 경계의
수승한 법문을 연설하실 때, 문수사리
보살을 비롯한 대보살들, 대보살들이
성숙시킨 6천의 비구, 미륵보살을 비
롯한 현겁^{賢劫}의 대보살들, 번뇌 없는 보
현보살을 비롯하여 관정위^{灌頂位}에 이른 일
생보처^{生補處}의 대보살들, 시방의 모든 세계
에서 온 수없이 많은 보살마하살, 대
지혜의 사리불^{舍利弗}과 신통제일 마하목건^{摩訶目犍}
련^連을 비롯한 대성문^{大聲聞}들, 천상과 인간
세상의 모든 왕과 천·용·야차·건달
바·아수라·가루라·긴나라·마후라
가·인비인 등의 일체 대중들이, 부처
님의 말씀을 듣고 크게 환희하면서 믿

고 받들어 행하였다.

〈보현행원품 끝〉

이상으로 지극히 성스러운 화엄경 보현행원품의 독송을 마치옵니다.

나무대행보현보살마하살 (3번)

보현행원품을
독송하는 분들께

....

1. 보현보살의 십종대원

「보현행원품」은 화엄경 속에 들어 있는 한 품品입니다. 화엄경은 60권본(421년 한역)·80권본(699년 한역)·40권본(798년 한역)의 세 종류가 있는데, 보현행원품은 선재동자의 구법행각을 자세하게 묘사한 40권본 화엄경의 마지막 권에 수록되어 있습니다. 곧 보현보살께서 선재동자에게 설한 법문을 담아 놓은 것이 보현행원품입니다.

이 보현행원품의 주인공인 보현보살은 올바른 수행의 원(行願)을 불러 일으켜 깨달음의 세계로 나아가도록 하는 분입니다.

그럼 보현보살님은 어떠한 수행의 길을 걸었고, 구체적으로 어떠한 수행법을 가르쳐주고 있는가? 바로 보현보살의 십대행원十大行願 속에 자세히 담겨져 있습니다. 이 십대행원에 대해서는 보현행원품 본문에 자세히 열거되어 있으므로 여기에서는 따로 정리하지는 않겠습니다. 다만 이 시대를 살아가고 있는 우리가 어떻게 실천해야 하는가에 초점을 맞추어 십대행원을 다시 한 번 되새겨 보고자 합니다.

불자들 중에는 보현보살께서 설하신 십대행원을 매우 실천하기 어려운 특별한 가르침으로 받아들이는 이들이 많습니다. 하지만 불자가 부처님께 ①예배를 드리고 ②찬탄하고 ③공양하고 ④참회하고 ⑤공덕을 따라서 기뻐하고 ⑥법문을 청하고 ⑦이 세상에 오래 머물러주시기를 청하고 ⑧본받아 배우고 ⑨중생에게 순응하고 ⑩공덕 모두를 회향하는 것은 너무나 당연한 일일 수도 있습니다. 그리고 깊게 결심하면 행하기 어렵기만한 가르침만도 아닙니다.

다만 '나'밖에 모르는 삶을 살고 있는 중생이기에 '나'의 굴레를 쉽게 벗어버리지 못하고, 보현보살의 십대행원을 실천할 수가 없습니다. 아만과 나에 대한 애착, 나의 욕심, 나의 고집에 사로잡혀 살기 때문에 해탈의 십대행원과는 자꾸만 멀어지게 되는 것입니다.

실로 보현보살님께서는 '나' 중심으로 살라고 가르치지 않습니다. 나를 열어 진리의 세계에 맡기고 살 것을 가르치고 있습니다.

나의 모든 생각을 비우고 진리 그 자체인 부처님께 맡기고 살아야 한다는 것입니다.

잠깐 우리의 삶을 돌이켜봅시다.

현재 대부분의 우리는 '나'의 욕심에 짓눌린 채 살아가고 있습니다. 내가 잘 먹고 내가 잘하고 내가 잘 살아야 한다는 생각에 지배당한 채 허둥대며 살아가고 있습니다. 그렇지만 실제는 어떠합니까? 잘 먹고 잘 하고 잘 살고 있습니까? 솔직한 대답은 '아니다'일 것입니다. 내가 욕심에 지배를 받고 있는 이상, 내가 평화롭게 사는 것은 쉽지가 않습니다.

그럼 어떻게 해야 하는가? 먼저 나의 욕심을 쉬고 나의 욕심을 놓아버릴 줄 알아야 합니다. 그리고 진리 또는 부처님께 나를 내맡긴 채 현실을 직시하면서 살아야 합니다. '잘 살아야지'하는 생각보다는 진리에 입각하여 밝고 바르고 맑게 살기 위해 애를 쓰다보면 저절로 잘살 수 있게 되는 것입니다.

보현행원은 바로 이와 같은 원리에 입각한 실천법입니다. '나'를 부처님 또는 진리로 바꾸어놓는 수행법입니다. 나를 놓아버리고 진리에 맡기면 나는 진리 그 자체가 될 수 있습니다.

이러하거늘 '나' 스스로가 문을 닫은 채 살아서야 되겠습니까? 스스로를 감옥 속으로 집어넣는 아집我執으로 문을 닫고서….

이제 우리는 '나'의 문을 보다 넓게 열어야 합니다. 부처님께만 여는 것이 아니라, 우리의 이웃과 사회와 세계를 향해 문을 활짝 열어야 합니다. '나' 혼자만을 위한 삶이 아니라, 어떻게 하면 가족과 이웃과 사회에 보탬이 되고, 전체를 감싸 안으며 보람있게 살 것인가를 깊이 생각하여야 합니다. 그리고 나와 남을 함께 이롭게 하는 자리이타의 삶을 살아가야 합니다. 그렇게 하면 보현행원의 이상은 저절로 실현됩니다.

이제 이러한 현실적인 관점에 맞추어 보현보살의 십대행원을 다시 한 번 살펴봅시다.

①예경제불禮敬諸佛 : 모든 사람을 부처님처럼 대한다면 어떻게 되겠습니까? 부처님께 예배하고 공경하듯이 우리 가족과 이웃의 인격을 존중한다면, 이 나라는 틀림없이 부처님의 뜻과 말씀대로 살아가는 불국토가 될 것입니다.

②칭찬여래稱讚如來 : 모든 이웃의 좋은 점을 칭찬해주고 찬탄을 하면 아무리 악한 사람도 차츰 바뀌게 됩니다. 칭찬을 통하여 힘을 얻고 완전한 인격자의 길로 나아가게 되는 것이 중생임을 명심하면서, 칭찬을 아끼지 맙시다.

③광수공양廣修供養 : 공양은 함께 나누어 가지는 일입니다. 물질적으로 육체적으로 정신적으로, 이웃과 서로 나누는 생활을 할 때 닫힌 문은 열립니다. 형편 따라 능력 따라 후회없이 두루 나누어 가질 때, 나의 마음에는 자비가 깃들고 깨달음의 씨앗에서 싹과 뿌리가 나오게 됩니다.

④참회업장懺悔業障 : 자신의 잘못이나 허물을 반성하는 것이 곧 참회이니, 잘못이 있

으면 무조건 '잘못했다'고 할 줄 알아야 합니다. 참으로 '잘못했다'고 할 때 모든 업장은 녹아내립니다. 마음을 비우고 무조건 참회할 때 모든 이웃은 '나'와 함께하게 됩니다.

⑤수희공덕隨喜功德 : 수희는 더불어 기뻐하는 것입니다. 이웃에 좋은 일이 있으면 함께 기뻐합시다. 함께 기뻐하는 가운데 질투는 사라지고, 우리는 보다 평화로운 세계에 안주할 수 있게 됩니다.

⑥청전법륜請轉法輪 : 우리가 부처님께 진리의 법문을 설해주시기를 청하였듯이, 우리 또한 이웃에게 진리의 법문을 전하고자 노력해야 합니다. 진리 속에 함께 머무는 자. 그가 가장 좋은 도반입니다.

⑦청불주세請佛住世 : 부처님뿐만 아니라

훌륭한 스승들이 이 세상에 오래 계시도록 잘 섬겨야 합니다. 훌륭한 스승이 어찌 부처님뿐이겠습니까? '나'만 분명하다면 나를 애먹이는 자, 나를 슬프게 하는 자, 나를 꾸짖는 자들이 모두 '나'의 스승인 것을!

⑧상수불학常隨佛學 : 부처님의 바른 가르침을 언제나 부지런히 배우고 실천해야 합니다. 부처님의 바른 가르침인 보살도는 결코 남만을 이롭게 하는 이타利他의 행行이 아닙니다. 이타행 그 자체가 '나'를 이롭게 하는 자리행自利行이라는 것을 깨달아야 합니다.

⑨항순중생恒順衆生 : 항순중생은 말 그대로 이웃을 잘 이해하고 연민하면서 언제나 거두어주는 생활을 뜻합니다. 하지만 잘 이해하고 받아들여 주는 것, 그것은 나와 너가 평

등하고 둘이 아니라는 것을 알지 못하면 중생을 거두어 주기가 쉽지 않습니다. 그러므로 늘 평등과 불이不二의 가르침을 체득하고자 노력해야 합니다.

⑩보개회향普皆廻向 : 회향은 내가 지은 공덕을 다른 무엇을 위해 쓰는 것입니다. 좁게 해석하면 자신의 노력으로 이룩한 정신적 물질적인 여유를 사회와 이웃에 돌려주는 생활입니다. 하지만 넓은 의미에서의 회향은 내가 쌓은 공덕을 조금도 남김없이 중생의 행복과 성불을 위해 되돌려 주는 것입니다. 이렇게 하면 나는 어떻게 됩니까? 완전히 비우게 됩니다. 허공처럼 맑아집니다. '나'의 마음은 온 우주법계와 하나가 되고, '나'는 대우주법계에 충만되어 있는 대지혜·대자비·대평화·

대행복의 빛과 힘을 온전하게 받아쓰는 대자 유인이 될 수 있습니다.

불법 수행에는 별다른 묘수가 있는 것이 아닙니다. 마음을 열면 됩니다. 내 마음을 이웃과 우주를 향해 열어보십시오. 이웃과 우주는 내 안으로 들어오게 되고, 지혜와 자비와 평화와 행복과 깨달음은 그대로 '나'의 것이 됩니다. 그렇게만 되면 내가 서 있는 여기가 바로 극락이요 불국토가 됩니다.

물론 '나'를 버리고 마음을 완전히 여는 것은 쉽지가 않습니다. 그러나 우리는 비우고 또 열어야 합니다. 그것이 바로 수행이요 보현행원이기 때문입니다.

부디 대승의 불자답게 보현보살의 십대원

으로 부처님을 향하여 진리를 향하여 문을 열도록 합시다. 그리고 한 걸음 더 나아가 우리의 이웃, 세계의 모든 중생을 향해 문을 열어봅시다.

주위의 사람들에게 ①인사 잘하고(예경) ②찬탄하고(칭찬) ③베풀고(공양) ④용서를 구하고(참회) ⑤함께 기뻐하고(수희) ⑥가르침을 청하고(청법) ⑦함께 머물고(주세) ⑧불교를 배우고(불학) ⑨잘 따라주고(수순) ⑩되돌려 주기(회향)가 어찌 어렵기만 한 일이겠습니까?

이러한 행들을 조금씩 실천에 옮긴다면 불보살님과 대행보현보살님께서는 틀림없이 우리를 부처의 경지로 인도하시리라 확신하고 또 확신합니다.

나무대행보현보살마하살

2. 보현행원품 독송 방법

다음과 같은 원의 성취를 바랄 때 보현행원품을 독송하면 좋습니다.

· 대해탈을 이루는 자리이타의 삶을 원할 때
· 병이나 갖가지 괴로움에서 벗어나고자 할 때
· 업장 참회와 현실 속의 소원들을 이루고자 할 때
· 평화로움과 복되고 안정된 삶을 원할 때
· 넉넉한 재물과 좋은 환경을 얻고자 할 때
· 악귀로부터 벗어나고 신장의 보호를 받고자 할 때
· 세세생생 좋은 가문에서 태어나고자 할 때
· 몸과 말과 뜻이 늘 청정한 삶을 살고자 할 때
· 신통·지혜·공덕·자비 등을 빨리 이루고자 할 때
· 늘 부처님을 모시고 불법과 함께 하고자 할 때
· 극락세계에 왕생하고자 할 때
· 부처님의 법문을 잘 통달하고 참다운 법공양을 하고자 할 때
· 대비심으로 보살도를 닦아 빨리 무상보리를 이루고자 할 때

1) 경문을 읽기 전에

①먼저 3배를 올리고 '부처님, 보현보살님, 감사합니다.'를 세 번 염한 다음, 보현행원품을 펼쳐들고 축원부터 세 번 하여야 합니다.

"대행보현보살님이시여, 세세생생 지은 죄업을 모두 참회하면서 보현보살님의 십대행원과 함께 하오며, 보현행원품을 읽는 공덕을 저희 가족 모두의 건강과 평안과 행복과 대해탈, 일체중생의 행복과 깨달음에로 회향하옵니다." (3번)

이렇게 기본적인 축원을 하고, 꼭 성취되기를 바라는 일이 있으면 추가로 축원을 하십시오. 이 경우에는 각자의 원願에 맞게 적당한 문구를 만들어, 이 책 5페이지에 있는 '개인발원문' 난에 써놓고 축원을 하는 것이 좋습니다.

②축원을 한 다음 '나무대행보현보살'을 세 번 염하고, 「개경게」와 「개법장진언」 '옴 아라남 아라다'를 염송합니다. 흔히 정구업진언·오방내외안위제신진언·「개경게」와 「개법장진언」으로 구성된 「전경轉經」을 모두 외우기도 하는데, 「개경게」와 「개법장진언」만으로 족합니다.

③개법장진언 다음에는 화엄경의 본래 이름인 '대방광불화엄경 부사의해탈경계보현
大方廣佛華嚴經 不思議解脫境界普賢

행원품'을 세 번 꼭 외우십시오.

나무 대방광불화엄경 부사의해탈경계보현행원품
나무 대방광불화엄경 부사의해탈경계보현행원품
나무 대방광불화엄경 부사의해탈경계보현행원품

경의 제목을 외우는 공덕이 매우 크기 때문에 불교집안에서는 어떠한 경전이든 본문을 읽기 전에 경의 제목을 세 번 읽도록 가르쳐 왔습니다. 그러므로 절에서나 집에서나 이 행원품을 독송할 때는, 꼭 '나무 대방광불화엄경 부사의해탈경계보현행원품'을 세 번씩 염송하여야 합니다.

경의 제목은 그 경전 내용의 핵심을 담고 있으므로 공덕이 더욱 크다는 것을 마음에

새겨, 꼭 세 번씩 독송하시기를 당부드립니다.

2) 경문을 읽을 때

①보현행원품을 읽을 때는 반드시 '나' 스스로에게, 그리고 법계의 중생들에게 들려준다는 자세로 정성껏 읽어야 합니다. 절대로 '그냥 한 편을 읽기만 하면 된다'는 자세로 번뇌 속에서 읽어서는 안 됩니다. 스스로 뜻을 새기고 이해를 하며 읽는 것이 무엇보다 중요하다는 것을 꼭 명심하시기 바랍니다.

만일 소리내어 독경할 경우에 내용이 잘 이해되지 않고 집중이 잘 되지 않으면, 소리를 내지 않고 속으로 뜻을 새기며 읽는 정독을 하는 것이 오히려 더 바람직합니다. 경우에 따라서는 정독과 소리내는 독경을 번갈아 하는 것도 좋습니다.

②보현행원품을 읽다가 특별히 마음에 와 닿는 구절이 있거나, 이해가 잘 되지 않는 부분이 있으면 다시 한 번 읽으며 사색에 잠기는 것이 좋습니다. 독경을 한다고 하여 처음부터 끝까지 좔좔좔 시냇물 흘러가듯 읽어내려가야 할 필요는 없습니다. 왜냐하면 독경보다는 간경看經이 훨씬 더 수승한 공덕을 나타내기 때문입니다.

간경은 경전을 눈으로 보고 입으로 읽는 것을 넘어서서, 마음으로 보고 마음으로 느

끼며 읽는 것입니다. 경전의 내용이 '나'의 마음 속에 또렷이 살아 있도록 하는 것, 경전의 내용을 '나'의 것으로 만드는 것이 간경입니다.

이렇게 간경을 하면 보현행원품의 내용이 차츰 '나'의 것이 되고, 보현행원품의 가르침이 '나'의 것이 되면 보현보살과 불이不二가 되어, 기도성취는 물론이요 무량공덕이 저절로 생겨나게 됩니다. 거듭거듭 당부드리오니, 결코 형식적으로 읽지 마시기 바랍니다.

③보현행원품을 다 읽었으면 다시 축원을 해야 합니다. 곧 '보현행원품 독송 발원문'에 써 놓은 것을 세 번 읽으면 됩니다.

④마지막으로 회향축원을 세 번 하여야 합니다.

"보현행원품을 읽은 공덕을 온 법계와 일체 중생의 발보리심과 해탈과 행복에 회향하옵니다. 아울러 저희의 지은 업장이 모두 소멸되고 위없는 깨달음을 이루어지이다." (3번)

꼭 보현행원품을 읽은 공덕을 회향하여 마음밭에 새로운 씨를 심으시기 바랍니다.

※고딕체 작은 제목은 읽지 않습니다.

　예) ① 부처님을 예경함

※〔 〕안의 한자는 읽지 않습니다.

　예) 〔禮敬諸佛〕
　　　예 경 제 불

3) 독송의 기간·횟수 및 자세

①가피·고난퇴치·발심·소원성취를 이룰 목적으로 보현행원품을 읽을 때는 최소한 21일은 독송하여야 하며, 보통의 경우에는 백일기도가 적합합니다. 옛 어른들은 발심과 위없는 깨달음을 기원하며 천독 또는 천일기도를 행한 이들이 많고 평생을 독송한 이도 있습니다.

②독송 횟수는 하루 최소한 1독은 하여야 하고, 하루에 여러 번을 읽어도 좋습니다. 그리고 독송의 횟수로 기도 기간을 정할 때는 짧게는 1백독, 보통은 3백독, 많게는 1천독을 채울 것을 권하고 싶습니다. 3백독 내지 1천

독을 하게 되면 부처님과 보현보살의 자비가 함께 하게 되고, 그 자비 속에서 하루하루가 행복하고 좋은 날로 바뀌게 되기 때문입니다. 이에 보현행원품 말미에 1독을 할 때마다 1칸씩 표시할 수 있도록 333칸을 마련해 두었습니다.

그러나 사람에 따라 형편과 능력이 다를 것이므로 자신에게 맞게 독송 기간과 횟수를 잘 선택하여 기도하시면 됩니다. 만일 시간이 많지 않은 사람은 하루에 보현행원품의 반만을 읽어도 좋으니, 꾸준히 하여 스스로가 정한 횟수를 채우기 바랍니다. 단, 한번 정하였으면 아주 특별한 일이 일어나지 않는 이상 변경하지 않는 것이 좋습니다.

③기한이나 횟수를 정하여 꾸준히 기도를 하다 보면 그 날짜가 다 채워지기도 전에 가피를 입는 듯한 징조를 감지하게 되는 경우가 있습니다. 그렇다고 하여 회향일 전에 기도를 그만두지 말고, 꾸준히 계속하여 날짜를 채우는 것이 좋습니다.

④독경을 할 때는 무릎을 꿇고 앉든지, 가부좌한 자세로 단정히 앉아 행하여야 합니다. 또 가부좌를 하기가 힘이 든다면 의자에 단정히 앉아 행하여도 괜찮습니다. 그리고 바르게 앉을 수 없을 만큼 몸이 좋지 않은 경우라면 벽에 기대거나 누워서 해도 무방합니다. 물론 병상의 환자는 침대에서 편안한 자세로 기도하면 됩니다.

⑤특별한 사정으로 기도를 할 수 없는 경우라면 스스로가 정한 시간만큼 어디서든 하는 것이 좋고, 그것이 어려우면 단 열 번이라도 '나무대행보현보살'의 명호를 외운 다음 사정을 고하여야 합니다.

"오늘은 특별한 사정 때문에 기도를 제대로 행하지 못하게 되었습니다. 이 허물을 받아주시옵소서. 내일은 올바로 잘하겠습니다."

그리고 스스로가 세운 축원과 발원을 염하십시오. 이렇게 하면 한 번 하지 않은 것을 핑계삼아 계속하지 않게 되는 허물을 막을 수 있습니다.

여법하게 잘 독경하시기를 축원드립니다.

맺는 글

불교 최고의 경전은 화엄경입니다. 그리고 불교 최고의 발원은 보현행원입니다. 이제 우리는 불교 최고의 발원인 보현보살 십종대원을 마음에 새기면서, 보현행원품을 독송합니다.

그러나 이 보현행원의 실천이 범부인 우리에게 가당찮기나 한 일인가요? 범부인 우리가 십종대원을 가히 수용할 수 있을까요? '그렇다'고 자신 있게 말할 이는 거의 없을 것입니다.

하지만 우리는 수용해야 합니다. 왜냐하면 이 원이 보현보살님을 위한 원이 아니기 때문입니다. 이 십종대원은 우리를 위한 원입니다. 우리를 살리고, 우리를 더 큰 깨달음의 세계로 나아가게 하기 위한 원입니다. 더 멋진 삶을 살 수 있도록 하는 원이요 나와 남을 함께 살아나도록 하는 원입니다.

우리는 이 원을 따라 나아가야 합니다. 예경하고 참회하고 수희하고 권청하고 회향하면서 이 원을 따라 나아가야 합니다. 그 출발점은 보현행원품을 독송하는 일입니다. 이 정도는 보통 사람 누구나 할 수 있습니다. 한번 해 보십시오. 그냥 첨벙 빠져 보십시오.

지심귀명례하는 마음으로 보현행원품을 읽고 쓰고 새기고 실천해 보십시오. 그리고 부처님과 삼보를 모시면서 주인공이 되어 살아 가십시오.

이것이면 다 된 것입니다. 우리의 도리는 다 한 것입니다. 그 다음에 되지 않으면 부처님과 보현보살님을 원망해도 좋습니다. 지독하게 원망하고 비난해도 좋습니다. 잘 모셨는데도 아니 되었다면….

이 책을 쓰고 펴낸 공덕을 온 법계에 회향하면서, 보현행원품과 함께 열심히 정진하옵기를 축원드립니다.

나무대행보현보살마하살

2562년 부처님오신날
경주 남산 기슭 아란야에서 김현준 拜

내가 확인하는 독경 횟수

※ 한 번 독경할 때마다 한 칸씩 확인하세요(날짜를 써도 좋음).

1								10	
							20		
						30			
					40				
				50					
			60						
		70							
	80								
90									
100									110
								120	
							130		
						140			
					150				

					160					
				170						
			180							
		190								
	200									
210										220
									230	
								240		
							250			
						260				
					270					
				280						
			290							
		300								
	310									
320										330

									340
								350	
							360		
						370			
					380				
				390					
			400						
		410							
	420								
430									440
								450	
							460		
						470			
					480				
				490					
			500	나무 대방광불화엄경 보현행원품					

포켓용 아름다운 우리말 경전

☒ **금강경** / 우룡큰스님 역　　　　　　국반판　100쪽　2,500원
'불자들이 꼭 읽어야 할 금강경을 우리말로 보급하겠다'는 원력에 의해 제작된 책. 기도법·독송법 등도 자세히 설하였습니다.

☒ **관음경** / 우룡큰스님 역　　　　　　국반판　100쪽　2,500원
관음경의 내용을 알기 쉽고 분명하게 번역한 책. 부록으로 관음기도와 염불법에 대해 자세히 설하고 있습니다.

☒ **초발심자경문** / 일타큰스님 역　　　국반판　100쪽　2,500원
신심을 굳건히 하고 수행에 대한 마음을 불러 일으키게끔 하는 보조국사·원효대사·야운스님의 글. 번역이 매우 아름답습니다. 국·한문대조본.

☒ **지장경** / 김현준 편역　　　　　　　국반판　196쪽　4,000원
가지고 다니면서 틈틈이 읽게 되면 기도에 매우 큰 도움이 됩니다. 지장경 독송 기도법도 자세히 수록하였습니다.

☒ **약사경** / 김현준 편역　　　　　　　국반판　100쪽　2,500원
독경 및 약사염불 방법을 함께 실어 기도에 도움이 되도록 하였습니다. 법보시용으로 매우 좋습니다.

☒ **보현행원품** / 김현준 편역　　　　　국반판　100쪽　2,500원
독송하면 보현보살의 십대원과 함께 업장 참회와 현실 속의 소원들을 이룰 수 있고 지혜와 복덕을 갖추어 위없는 보리도를 성취할 수 있습니다.

☒ **유교경** / 일타스님·김현준 편역　　국반판　100쪽　2,500원
부처님께서 열반하시기 직전, 제자들의 수행과 행동지침에 대해 설하신 간곡한 법문. 불자들이 꼭 1독하면 좋은 경전입니다.

☒ **아미타경** /김현준 편역　　　　　　국반판　100쪽　2,500원
원문과 한글 번역을 대조하여 엮었으며, 독송하는 방법 및 아미타불 염불 방법, 극락과 아미타불에 대한 내용을 함께 실었습니다.

법요집 / 불교신행연구원 편　　　　　국반판　100쪽　2,500원
법회와 수행시에 필요한 각종 의식문, 그리고 읽을수록 좋은 몇 편의 글들을 수록한 휴대용 법요집입니다.

한글 보현행원품 / 김현준 편역

4×6배판 112쪽 5,000원

아주 큰 활자로 만든 한글 번역본으로, 대중이 함께 독송할 때나 집에서 혼자 독송할 때 매우 좋습니다. 또한 예불대참회문을 함께 실어 독경 후 행원품에 근거한 전통적인 108배를 행할 수 있도록 만들었으며, 독송 방법과 대참회의 의미 등도 상세히 설명하였습니다.

보현행원품 한글 사경   4×6배판 120쪽 5,000원

1책으로 『보현행원품』을 3번 사경할 수 있도록 만들었습니다. 사경의 영험과 방법, 기간·횟수와 특별히 주의할 점 등을 책머리에 자세히 설명하였습니다.

한글 법화경 / 김현준 역	전3책	550쪽	총 22,000원
	양장본 전1책	520쪽	총 25,000원
법화경 한글 사경	전5책	권당 5,000원	총 25,000원

법화경을 독송하고 사경해 보십시오.
부처님과 대우주법계의 한량없는
가피가 저절로 찾아들어 소원성취와
영가천도는 물론이요
깨달음과 경제적인 풍요까지 안겨줍니다.

※많이 찾는 기도 독송용 경전 (책 크기 4×6배판)

금강경 / 우룡스님 역	112쪽	5,000원
관음경 / 우룡스님 역	96쪽	4,000원
지장경 / 김현준 역	208쪽	8,000원
약사경 / 김현준 편역	100쪽	4,000원
자비도량참법 (양장본) / 김현준 역	528쪽	25,000원

☎ 02-582-6612 · 582-6613 / Fax 02-586-9078

편역자 김현준 金鉉埈

불교학을 전공하였고, 우리문화연구원 원장, 성보문화재연구원 원장을 역임하였으며, 현재 불교신행연구원 원장, 월간「법공양」발행인 겸 편집인, 효림출판사와 새벽숲출판사의 주필 및 고문으로 활동하고 있다.

저서로는『사찰, 그 속에 깃든 의미』·『관음신앙·관음기도법』·『생활 속의 반야심경』·『육바라밀』·『사성제와 팔정도』·『광명진언 기도법』·『신묘장구대다라니 기도법』·『참회·참회기도법』등 30여 종이 있으며, 번역서로는『법화경』·『자비도량참법』·『지장경』·『육조단경』등이 있다.

아름다운 우리말 경전 7

보현행원품

편역자 김현준
펴낸이 김연지
펴낸곳 효림출판사

초 판 1쇄 펴낸날 2018년 6월 15일
       3쇄 펴낸날 2024년 4월 24일

등록일 1992년 1월 13일 (제 2-1305호)
주 소 서울특별시 서초구 반포대로14길 30, 907호 (서초동, 센츄리I)
전 화 02-582-6612, 587-6612
팩 스 02-586-9078
이메일 hyorim@nate.com

ⓒ효림출판사 2018
ISBN 979-11-87508-17-5 02220
표지 사진 : 선암사 화엄탱화(1780년 제작, 성보문화재연구원 제공). 표지 위쪽은 보신불이 된 석가모니불이 깨달음의 내용을 점검하는 모습이며, 아래쪽은 보현보살이 설주가 되어 깨달은 그 내용을 설법하는 모습이다.